Bernd Mönkebüscher

... und sie wickelte ihn in Lumpen und Liebe

Neue Blicke auf Weihnachten

Bernd Mönkebüscher

... und sie wickelte ihn in Lumpen und Liebe

Neue Blicke auf Weihnachten

echter

Das Honorar wird überwiesen an das Christliche Hospiz „Am Roten Läppchen“ in Hamm.

Bibliografische Information der Deutschen Nationalbibliothek
Die Deutsche Nationalbibliothek verzeichnet diese Publikation in der Deutschen Nationalbibliografie; detaillierte bibliografische Daten sind im Internet über ‹http://dnb.d-nb.de› abrufbar.

www.echter-verlag.de
Umschlag: wunderlichundweigand.de (Foto: Benedicte Kurzen/Noor/laif)
Satz: Hain-Team, Bad Zwischenahn
Druck und Bindung: fgb · freiburger graphische betriebe
ISBN 978-3-429-03742-0

Inhalt

Sie konnten nicht rot genug sein:
kleine Fliegenpilze am Adventskranz.
Auf dem Dachboden waren sie das Jahr über
in einer großen Schublade verstaut,
richtig viele,
denn im Gärtnereibetrieb der Eltern
wurden sie ebenfalls gebraucht.
Sie waren aus Pappe, das waren die echten, die tiefroten;
wenn man zu lange daran herumspielte, verloren sie ihre Form,
und die Finger wurden rot.
Später bekam man sie nur noch aus Plastik,
die blieben wohl in Form,
aber ihre Farbe war viel heller,
längst nicht so geheimnisvoll dunkel;
sie färbten auch nicht ab –
und ich fand sie kitschig.
Was die Pilze am Adventskranz sollten,
diese Frage stellte sich mir nicht.
Es war so – und es musste so sein:
die Fliegenpilze, die Bienenwachskerzen,
die immer gleiche Tischdecke am Weihnachtsmorgen.
Später änderte sich das alles.
Was unbedingt sein musste,
verlor nicht nur an Bedeutung,
es wurde mir fragwürdig:
Was ist Weihnachten?

Mit Ihnen, liebe Leserin, lieber Leser,
möchte ich auf die Suche gehen
in diesen Tagen rund um das Fest
mit Gedankenanstößen, Fragen und Worten.

Wann ist einem nach Weihnachten?

Mir ist überhaupt nicht nach Weihnachten.
Ich kann mich noch gut daran erinnern,
dass unsere Mutter diese Formulierung öfters gebrauchte,
zumindest in den letzten Jahren ihres Lebens.
Mittlerweile erwische ich mich selbst bei diesem Gefühl
und frage mich, was das ist – und wie das ist,
wenn es einem *nach Weihnachten* ist.

Für mich war es mal so,
wenn es an Heiligabend und am Weihnachtsmorgen
nach Tannengrün roch
und nach Honigkerzen mit 10 Prozent Bienenwachs.
Dass der Geruch des Tannengrüns schnell verflog,
dass der Fichtenbaum später furchtbar nadelte,
das hatte mit dem weihnachtlichen Gefühl nichts zu tun
und kann es in der Erinnerung nicht trüben.
Ebenso gehörte eine goldene Glocke dazu, eine Spieluhr,
die „Stille Nacht" spielte.
Dass ich irgendwann einmal
mit einem Schraubenzieher nachsah,
wie diese herrlichen Klänge zustande kamen –
schließlich meint man ja ab einem bestimmten Alter,
allen Dingen auf den Grund gehen zu müssen –
und dass ich damit leider diese Spieluhr zerstörte,

worüber ich noch heute furchtbar traurig sein kann,
das konnte das weihnachtliche Gefühl nicht beeinträchtigen.
Zum Glück gab es im anderen Jahr
genau die gleiche Spieluhr wieder zu kaufen,
naja, nicht ganz die gleiche;
ich meine bis heute, ihr Goldton sei nicht so intensiv gewesen
wie bei der alten.

Mir ist überhaupt nicht nach Weihnachten.
Kein Weihnachten reicht an das Vorjahr, an die Vorjahre heran.
Mir kommt ein Gebet in den Sinn,
das wir manchmal in den Gottesdiensten im Advent
und das ganze Jahr über beten:
Hilf uns,
das *Unvergängliche* mehr zu lieben als das Vergängliche.
Aber Weihnachten ist auch ein Fest,
das *Vergänglichkeit* spürbar macht:
wenn die Erinnerungen groß sind,
wenn Menschen nicht mehr da sind,
die in dem vergangenen Jahr noch unter uns waren,
wenn die Kinder aus dem Haus sind,
wenn die Krippe anders aufgebaut ist als sonst – oder gar nicht
und der Baum im letzten Jahr in jedem Fall schöner war,
wenn man selbst nicht mehr so kann, wie man möchte …

Wie ist das, wenn einem *nach Weihnachten* ist?
Ich glaube, genau so!
Eine seltsame Mischung aus Nostalgie
und der wachsenden Ahnung,
dass es einen Unterschied gibt
zwischen weihnachtlichen Gefühlen
und dem Inhalt des Festes selbst.

Dann kann gar nicht genug da sein von dem Gefühl des
mir ist nicht nach Weihnachten,
denn damit heben die Fragen an,
was Weihnachten zu Weihnachten macht,
was untrennbar zu diesem Fest gehört.
Vielleicht sind es eine Zeitlang unbedingt goldene Kugeln,
duftende Tannen, Stille Nacht,
die lang vorbereitete Bescherung.
Das ist das, was *wir* uns bereiten.
Dem Fest nähern wir uns (allerdings) mit Blick darauf,
was *Gott* uns bereitet.
Wir hören, dass *er selbst* in diese zeitlichen,
in diese vergänglichen Bezüge hineinkommt,
darin aufgeht, dass er darin zu finden ist.
Wir hören, dass er die Vergänglichkeit annimmt.
Das ist göttlich, Vergänglichkeit anzunehmen,
das Vergehen zu akzeptieren;
darin sogar die Spur Gottes zu finden,
dass es heute nicht mehr so ist wie gestern.

Ich erinnere mich, wie wir,
bevor es die elektrischen Lichterketten gab,
vor dem Weihnachtsbaum saßen
und ab einem bestimmten Augenblick rätselten,
welche Kerze wohl als letzte erlöschen würde.
Welch ein traurig-schönes Bild.
Ja, etwas vom wahren Weihnachten
ist in unseren vergänglichen Zeichen zu finden,
so wie etwas von Gott im Menschen zu finden ist.
Was sonst soll Weihnachten sein?

Weihnachten: kein Platz für ihn?

Es fällt nicht schwer, Weihnachten ohne Jesus zu feiern.
Das Evangelium sagt uns,
dass er schon damals nicht in die Welt passte:
kein Platz in der Herberge und die Flucht nach Ägypten.
Herodes, der Machthaber
mit der großen Angst vor dem Verlust seiner Macht,
hat zumindest verstanden,
dass dieser Neugeborene die Mächtigen vom Thron stürzt,
dass er Unruhe bringt,
dass von ihm unbequeme Fragen ausgehen.
Das will er im Keim ersticken,
damit er sein bisheriges Leben ungestört weiterführen kann.

Das bisherige Leben ungestört weiterführen wollen
scheint mit Jesus nicht zu gehen.
Er ruft Menschen von ihren Familien weg,
aus ihrem gewohnten Umfeld und aus ihrem Beruf heraus.
Die Jünger beginnen mit ihm ein *neues* Leben
sowie all jene, die seine Heilkraft erfahren.
Die Geburt Jesu ist der Beginn eines radikal neuen Weges –
und ausgerechnet das
mit der Tradition des Immer-Gleichen zu feiern
pervertiert die Botschaft von Weihnachten.

Wenn wir das Immer-Gleiche wollen,
wenn unser Gemüt Gemütlichkeit will,
dann werden wir fündig.
Aber die Botschaft von Weihnachten ist weit größer,
als für ein paar Stunden Gemütlichkeit
unter dem Baum zu sorgen.
Ich bin mir nicht sicher, ob nicht die Art und Weise,
wie wir dieses Fest begehen,
uns in Wirklichkeit schützt vor dieser Botschaft,
die Leben verändern, vermenschlichen will –
und zwar nicht nur das eigene Leben
und nicht nur das Leben der Christen.

Was Herodes mit dem Schwert versucht hat,
kann genauso durch Missachtung unsererseits versucht werden,
indem wir die Infragestellungen durch das Kind in Betlehem,
die Herodes spürte, gar nicht beachten.

Sich die Geburt Jesu vor Augen halten
kann sich nicht in Brauchtum und sentimentalem Gefühl
erschöpfen,
die sich wie immer dicker werdende Schalen
um die Weihnachtsbotschaft legen,
bis von ihr nichts mehr zu hören ist.
Sich die Geburt Jesu vor Augen halten
ist vielmehr die Vergegenwärtigung dessen,
wie sehr sich Gott an die Welt ausliefert,
wie sehr er darauf angewiesen ist,
dass *wir* ihn groß werden lassen.
Lebendig ist dieser Gott nicht in der geschnitzten Figur,
lebendig ist er in den Menschen auf der Flucht heute,
in denen, die Hilfe brauchen,
in allen, die eine Heimat suchen.

Ich frage mich, wie sich das vermitteln und leben lässt,
wie die *Menschwerdung Gottes* wieder Thema werden kann
und wir erkennen, wie sie sich vollzieht.
Er kommt runter auf die Erde –
und wir lassen die Weihnachtsbäume
„bis in den Himmel wachsen".

Seit einigen Jahren versuchen wir,
das in einer unserer Kirchen aufzubrechen.
Denn die niedlichen Bilder,
die man uns meistenteils vorführt –
Jesus als Holzpüppchen filigran geschnitzt auf Heu und Stroh,
umgeben von Fichten, nein, Nordmanntannen –,
passen ebenso wenig zu ihm wie der Gedanke,
er sei in einem königlichen Palast geboren.
(Was würde es für ein verzerrtes Bild ergeben,
wir legten die Krippenfigur auf Gold –
und was tun wir bei der Eucharistiefeier,
wenn die Gefäße für Brot und Wein
nicht goldig genug sein können!?)
Sein Platz ist draußen,
bei den Übersehenen,
bei den Gemiedenen,
bei den Untersten.
Dafür wird er selbst zum Untersten,
zum Sklaven,
entäußert sich.
Sein Ort ist nicht die warme Stube, nicht die Synagoge.
Seine Gegend ist die der Hirten,
eine Berufsgruppe, die zur Zeit Jesu nicht viel galt.
Zweifelhafte Leute sind seine Umgebung,
arme Fischer seine Freunde.

„Heute" ist euch der Heiland geboren

Wie gelingt es uns,
unsere christliche Weihnachtsbotschaft zu retten?
Wie gelingt es uns,
ihr wieder *den* Ort zu geben,
der sie „heutigt", der sie Gegenwart sein lässt,
der das „*Heute* ist euch der Heiland geboren"
nicht in den verzerrten Nachbau einer Vergangenheit,
wie man sie sich vorstellt, presst
und sie damit blutleer werden lässt?

Als der heilige Franziskus
im Jahr 1223 mit lebenden Tieren und Menschen
die erste Weihnachtskrippe inszenierte,
wurde es für Viele handgreiflich:
Die Menschen, die in dieser Nacht
zur Höhle in Greccio mitten im Wald kamen,
spürten, was es heißt, dass Christus einer von ihnen ist,
denn sie lebten in diesen Verhältnissen.

Aber was vor fast 800 Jahren ein verständliches Bild war,
scheint heute schokoladensüß, wenig bis gar nicht verstörend.
Wir sprechen von *schönen* Krippen, urig, anheimelnd.

Um *heute* wirklich auszudrücken,
dass Jesus *wie wir* geboren worden ist,
müssten wir einen Kreißsaal aufbauen.
Aber warum eigentlich aufbauen,
wo es diese Orte doch gibt?
Um heute wirklich anzudeuten,
dass er auf der Seite der Ausgegrenzten ist,
brauchen wir nur unter eine Brücke zu gehen
(so haben wir es zu Weihnachten 2013 versucht).
Oder in eine Garage, in ein Flüchtlingslager.

Die Geburt Jesu
ist der Beginn seines Weges an der Seite der Geringen,
nicht die romantische Pause am Ende eines Jahres,
ähnlich einem Wintermärchen,
das mit Schnee erst perfekt ist.
Wenn wir diese Weihnachtsbotschaft opfern
zugunsten von Gemütlichkeit,
wenn wir den Schmuck wichtiger nehmen
als die eigentliche Botschaft,
sie nicht mehr als Botschaft *heute* und *für heute* verstehen,
ist es nur folgerichtig,
dieses Fest „das Fest der Bäume und der Schnitzkunst"
zu nennen,
das Fest der Familie und der Kinder.
Es lässt sich dann besser vermarkten,
Weihnachts-markt eben,
noch besser: Winter-markt …

Das Weihnachtsevangelium ist kein Stimmungsmacher,
aber es gibt denen eine Stimme,
die keinen Platz,
keinen Raum im Bewohnten und Gewohnten haben,
die keinen Platz in den Kirchen
und an den Tischen der Satten finden.
Sie haben den als Bruder,
der ganz unten angekommen ist.

Entwöhnung

Ist es zu gewagt, wie folgt zu beten:
„Erwartungsvoll oder müde,
gestresst oder gut gestimmt sind wir an diesem Ort
zusammengekommen von unterschiedlichen Orten,
in dieser Nacht,
auf die wir uns vorbereiten wollten,
zu dem Fest,
mit dem wir so große Hoffnungen verbinden:
Es möchte Friede sein,
es möchte der Alltag unterbrochen sein,
nicht nur unterbrochen,
sondern irgendwie dann auch verändert.
Viele Gedanken sind jetzt in diesem Raum,
Wünsche, Lebensgeschichten, Glaubensversuche, Zweifel.
Wir sind voll, voll wie die belegten Herbergen damals,
wo kein Raum für dich war.
Wagen wir zu bitten (wagen wir es?):
Feg alles hinweg –
die Wünsche,
die Erwartungen,
die Bräuche,
das Wohlanständige,
das uns Besetzende –
und geh mit uns dorthin,
wo wir keinen hinschauen lassen,

dort, wo wir arm sind,
tieftraurig,
verletzt,
unordentlich,
stinkig,
dort, wo es still ist, weil niemand dort sein will,
weil es niemand dort aushält.
Vielleicht ist das immer noch der Ort,
wo alles beginnt, wo du selbst Mensch wirst,
mich fängst mit deinem Blick,
mit deinem Geburtsschrei:
dem Schrei nach mir."

Für manche ja.
Es scheint, dass sich die Bilder vom Kind in Heu und Stroh
und von Lichterbäumen, von Maria im blau-roten Kleid
und vom Engel mit besonderem Schein
so tief in uns eingeprägt haben wie die Vorstellung,
es müsse zu Weihnachten schneien.
Das Bild ist mächtiger geworden als das Wort,
das Evangelium muss sich einfügen und unterordnen.
Und davon hängt dann Weihnachten ab.

Ich frage mich, welch eine Aufgabe Kirche zukommt,
zumal alle Symbole, die Weihnachten auszumachen scheinen,
ab November zu sehen sind –
und schon deshalb nicht (mehr) für das stehen,
was Menschwerdung Gottes heißt.
Allerdings erlebe ich,
dass es für uns Christen eine Herausforderung ist,
den „Speckmantel" um Weihnachten herum abzutragen.
Es ist einfacher und beruhigender,
alles immer so aufzubauen, wie wir es gewohnt sind.

Und so sind wir es gewohnt:
die Krippe wie eine eigene kleine Welt,
der Stall im Wohnzimmer oder in der Kirche.
Weihnachten wie ein Gemälde, das ein paar Tage aushängt,
wir als Zuschauer,
die sich vom „Kindchenschema" des Neugeborenen
für ein paar Augenblicke anrühren lassen.
Und Gott bleibt im Himmel oben.

Allein das kann uns Weihnachten sprengen,
wenn ein stinkiger Stall mitten im Warmen, im Wohnzimmer
bedeutet:
Das, was mir stinkt,
der, der mir stinkt,
ins Haus und in die Nähe zu holen,
in den Blick zu nehmen.
Das sind nicht mehr Schafe, Ochsen und Esel,
das sind Menschen und Situationen, die mir stinken.
Wir müssen nicht künstlich aufbauen und inszenieren,
was wir in der (eigenen) Realität finden.

In unserer Zeit und Geschichte

Wie kann ausgedrückt werden,
dass Weihnachten ein Fest des Ungewohnten
und der Unordnung ist?
Dass Gott nicht im Himmel oben ist,
sondern auf der Erde unten?
Dass Menschwerdung
nicht etwas für abgezirkelte Zeiten und Zonen ist,
sondern dass Gott *mitten drin* ist in Zeit und Leben?
In unserer Zeit und in unserem Leben …

Ein Versuch, das sichtbar zu machen, bestand darin,
die Krippenfigur auf Zeitungsknüddel zu legen,
in die Schlagzeilen unserer Zeit:
in die Geschichten von Politikern und Kriminellen,
in die Geschichten von Obdachlosen und Prassern,
in die Geschichten von Flüchtlingen und Gewalttätigen,
in die Geschichten von an den Pranger Gestellten und Gesetzeshütern,
in die Geschichten der gerade Geborenen und der gerade Verstorbenen,
in die Geschichten der Schrillen und der Unscheinbaren.

Wenn wir in *unserer* Zeit, in *unserer* Geschichte
den Mensch Gewordenen nicht aufspüren,
uns von ihm anschauen und finden lassen –
wo und wann wollen, wo und wann können wir es dann?
Heute will er dir geboren werden, im Augenblick.
Wir finden ihn nicht mehr im Stroh der Vergangenheit;
denn er ist uns gegenwärtig.

Man muss schon genau hinschauen,
um ihn wahrzunehmen
in unserer Zeit und Geschichte, im eigenen Leben.
Zeitungsreste und Schlagzeilen erscheinen mächtiger
als die Krippenfigur,
fast droht sie unterzugehen.
Zeit und Geschichte können verschlingen,
sie können aber auch – mittendrin –
das Heil sichtbar werden lassen,
die Mitte von allem.

Weihnachten ist,
wenn uns dieser Neugeborene
aus jeder Zeile der Zeitung entgegenblickt,
wenn uns jeder Klageschrei eines Leidenden *sein* Schrei ist,
wenn wir jede Schlagzeile unserer Zeit zu ihm bringen.

Was gestern und vorgestern war,
füllt die Geschichtsbücher,
die Zeitung von gestern ist Altpapier;
das Heute allein ist bedeutsam.
Das Kleid Christi ist die *Gegenwart*,
sind die Themen, die *heute* die Zeitung füllen,
sind die Fragen, die du *heute* hast,

die Ängste, die dir *heute* die Kehle zuschnüren.
Als Christen hüten wir nicht das Vergangene,
wir sind nicht als Museumswächter und Altpapierhändler
bestellt.
Unsere *Gegenwart* rückt ihm auf die Haut,
er erscheint im *Gewand unserer Zeit*,
an ihm haftet die Signatur *unserer* Geschichte.
Was wir hier feiern, ist keine Huldigung des Vergangenen:
Jesus liegt nicht mehr in der Krippe,
er liegt überall,
wo Menschen *heute* Hilfe brauchen;
er hängt nicht mehr am Kreuz,
er hängt überall,
wo Menschen *heute* zwischen den Seilen hängen.

Nicht Zuschauer, sondern angeschaut

Wir haben Vorstellungen und Bilder in uns.
Engel zum Beispiel:
Wenn sie schon nicht Flügel haben,
dann sind sie zumindest oben,
schweben vom Himmel auf die Erde.
In einer unserer Krippendarstellungen
war es genau umgekehrt:
Der Engel steht unten auf der Erde,
mit beiden Beinen;
denn wo sonst – wenn nicht auf der Erde –
ist je ein Engel erfahren worden?
Statt der Engel klettern Menschen, Hirten, eine Leiter herab,
kommen herunter von ihrem hohen Ross.
Wer dem Kind in der Krippe begegnen will,
muss herunterkommen,
herunter von der Vorstellung,
selbst Herr des Lebens zu sein,
herunter von der Vorstellung,
sich den Himmel und die Gegenwart Gottes
verdienen zu können.
Wer dem Kind in der Krippe begegnen will,
muss sich auf Unordnung und Machtwechsel einlassen:
erhöhte Niedrige, gestürzte Mächtige.
Wer dem Kind in der Krippe begegnen will,

ist kein *Zu*schauer mehr, sondern *An*geschauter.
Denn für Weihnachten,
für Gott gibt es keinen Zuschauerraum,
sondern jede und jeder ist *von* ihm angesehen und ausersehen.

Will ich das?
Diesen Gott, der unser Fleisch und Blut annimmt,
der auf der Erde gefunden und angenommen werden will,
der uns auf die Pelle rückt und jede Distanz überwindet?
Will ich das:
selbst voll beteiligt sein
in diese *Liebesgeschichte* Gottes mit uns,
nicht nur zu besonderen Zeiten
und an besonderen Orten,
sondern all-täglich?

Gott verdient und Gott will unsere ganze Aufmerksamkeit;
er ist eifersüchtig wie ein Kind,
er will uns ganz,
wie das Neugeborene seine Eltern ganz will.
Du kannst dich nicht zurücknehmen oder heraushalten,
wenn das Kind schreit.
Er wird zum Säugling, saugt sich fest an deinem Leben,
kann allein nicht überleben,
er braucht dich.

Wollen wir wirklich, dass er kommt, dass er da ist?
Das brächte (das bringt!!!) alles durcheinander:
Was müsste alles vom Thron gestürzt werden …
Und wenn wir dann andererseits bekennen,
dass er da ist, mitten unter uns,
warum tun wir dann so,

als sei er *nicht* da?
Warum *spielen* wir lieber Christentum und *führen* es auf?
„Alle Jahre wieder“ das gleiche Spiel …
so intensiv gespielt,
dass wir sogar Weihnachten feiern können,
ohne dass das Wort in uns Fleisch wird.

Die „Gegend“ der Hirten

Eigentlich ist nahezu alles ins Gegenteil gekehrt:
Ausgerechnet der Mann mit Purpurmantel und Dornenkrone
soll von Männern in Gewand und Mitra repräsentiert werden?
Ausgerechnet der Mann, dem Familie nicht wichtig war,
soll eine Religion hervorrufen,
die Familie als „Keimzelle des Glaubens“ sieht?
Ausgerechnet der Mann, der dazu aufruft, Feinde zu lieben,
soll sich in unserer kirchlichen Vereinsmentalität wohlfühlen?

Wer die Heilige Nacht aufsucht,
weil sie oder er etwas Frieden,
etwas weihnachtliche Stimmung bekommen will,
der ist zumindest auf Betlehems Fluren am falschen Ort.
Der kann, je nach Alter und Mentalität,
Carmen Nebels weihnachtliche Volksmusik einschalten,
einen Weihnachtsmarkt besuchen,
ein Krippenmuseum (welch ein Wort...),
einen Winterurlaub buchen,
möglicherweise sogar die eine oder andere Kirche aufsuchen
und dann getrost seinen unveränderten Alltag weiterleben.

Betlehems Fluren stehen von Anfang an für etwas anderes,
für Alltags-auf-brüche.
Kaum, dass dieser Neugeborene sich regt,
geht es los:

eine Beziehung, die auseinanderzubrechen droht,
ein Machthaber, der aus lauter Angst um Machtverlust
Kinder töten lässt,
ein Mann, der in größten Konflikt gerät
mit seiner eigenen Religion.

Er hatte kein Dach über dem Kopf.
Die Legende, die glaubende Fantasie hat das ausgemalt:
Wenn er keine Herberge hatte, dann eine Höhle, einen Stall.
Sonst ist es ja gar nicht zu ertragen,
was der Evangelist Johannes
in seinem Weihnachtsevangelium so klar formuliert:
„Die Seinen nahmen ihn nicht auf."
Doch genau das ist das Leben Jesu
nicht nur bei seiner Geburt:
Er findet Zeit seines Lebens keinen Platz in dieser Welt,
er ist haus- und heimatlos.
Er ist da, wo der Wind pfeift,
wo es nicht ganz sauber zugeht,
wo es den anderen stinkt.

Er hatte kein Dach über dem Kopf.
Das ist schwer zu ertragen.
Wir holen den Stall ins Haus.
Eine kleine Ecke Stall, mitten im Warmen, urig und schön.
Wir „bauen" einen Stall, wir suchen Moos, eine Handvoll Heu,
aber bitte kein Mist.
Da schauen wir drauf, und unser Herz wird warm.
Weihnachten und Wärme,
Gemütlichkeit und dieses Fest gehören untrennbar zusammen.
Das ist nicht wert- oder grundlos,
denn das Gemüt, das Gefühl darf nicht fehlen im Glauben.

Je mehr es fehlt in der Welt,
im berechnend scharfen, gefühlskalten Alltag,
umso mehr brauchen wir Orte voller Gefühl.

Ist Jesus ein Ort voller Gefühl?
Ich weiß es nicht!
Ja, sein Herz ist Mitleid,
ja, sein Engagement gilt denen, die es brauchen,
ja, sein Leben, seine Liebe will
den *ganzen* Menschen erreichen.

Aber das andere gibt es auch:
Vater und Mutter gering achten –
keine Weihnachtsbotschaft;
sein eigenes Leben gering achten,
um sein Jünger sein zu können –
keine Tafelrede zum gemütlichen Festmahl;
das Kreuz –
kein Seelenbalsam, mehr als „ein Schlag ins Gesicht".

Was machen wir mit diesen unterschiedlichen Botschaften?
Wir schwanken hin und her wie ein Pendel:
mal spricht uns das eine mehr an, mal das andere.
Eins ist unumstritten:
mit Jesus kann man nur schwer ein Eigenheim bauen;
manche meinen, mit ihm kann man auch keine Kirche bauen.
Er ist nicht der,
den man termingerecht Jahr für Jahr als Kind hervorholt;
er ist nicht der,
den man Jahr für Jahr einige Wochen lang
als Leidenden betrachtet.
Immer, zu jeder Zeit, ist er *alles*:

Kind und Knecht, Sterbender und Auferstehender.
Das sprengt jedes Haus, jede Kirche,
und jeder Stall geht in Flammen auf.

Um das Ungewohnte,
das Haus- und Heimatlose aufzugreifen,
stellten wir einmal die Krippenfiguren
in anderer Umgebung auf,
nicht im Stall, nicht im Stroh.
Was war stattdessen ihre Umgebung?
Die Betrachter. Wir.
Wir die Umgebung Jesu,
unser Herz der Stall, die Krippe.

Und alles unter dem Kreuz:
Wie ein Damoklesschwert hängt es und weist darauf hin,
dass jeder Wiege die Bahre folgt,
dass das Leben dieses Neugeborenen grausam endet.

Ein krasses Bild

Bilder haben Macht! Macht über das Leben.
Bilder halten fest – und Bilder legen fest.
Darum formuliert das zweite der zehn Gebote ausdrücklich:
„Du sollst dir kein Bild machen,
weder von dem, was oben im Himmel,
noch von dem, was unten auf der Erde ist."
Also: kein Bild von Gott – kein Bild vom Menschen.
Denn der im Bild Festgehaltene stirbt daran,
weil er eingeengt und auf eine bestimmte Rolle festgelegt ist.
Jedes Bild ist höchstens eine Momentaufnahme:
Es stimmt nur für die Sekunde der Aufnahme.

Selten gelingen Bilder,
die als Momentaufnahmen wie Charakterbilder sind,
die etwas von dem erkennen lassen,
wie jemand über den Augenblick hinaus ist.
Was wir Weihnachten feiern, ist ein Charakterbild.
Und noch mehr.
Es traut sich kaum einer so drastisch zu malen, wie es ist.
Gott, der sich nackt und bloß zeigt,
der die Nähe von Menschen sucht
und vor jenen Ställen und Stellen, die wir verbergen,
keine Berührungsängste hat.

Er zog aus.
Er zog sich aus
…,
um uns anzuziehen.

Weihnachten ist nichts für prüde Menschen
und auch nichts für Traditionalisten.
Weihnachten ist die deutlich ungeschminkte Sprache Gottes:
Es zerschlägt den Stall,
es schaut hinter die Kulissen,
es rasiert dem „holden Knaben“ das „lockige Haar“ ab.
Dieses *Bild* des ohnmächtigen und nackten Kindes hat Macht!
Es geht um die Welt.
Es ist so offen und angreifbar,
dass man genau das getan hat: es angreifen.

Wenn wir die Weihnachtsbotschaft
im Symbol der Krippenfigur
statt in Windeln in festliche Kleider hüllen,
wenn die geschnitzte Kunst im Vordergrund steht
und mit ihr „eine Gießkanne voll Besinnlichkeit“,
wenn Weihnachten vom Weihnachtsbaum abhängt:
ist das möglicherweise *unser* Angriff auf die Botschaft?
Die nackte Realität der Weihnacht wird harmlos,
süß, niedlich, lecker.
Die Bilder und Ein-blicke, die Gott uns von sich hinhält,
sind schwer zu ertragen:
das schrumpelige Kind, gerade geboren,
der entblößte Mann am Kreuz.

Bilder haben Macht!
Darum *macht* keine Bilder!
Das Bild, das wir uns von Weihnachten machen, stimmt nicht.
Es stimmt schon deswegen nicht,
weil es in der Regel ein Nachbau ist;
Wir bauen eine Krippe nach, einen Stall, eine Höhle.
Aber Gott baut neu,
und Jesus liegt in keiner Krippe mehr.
Wir wohnen nicht im Stall und nicht in einer Höhle.
„Neuer Wein in neue Schläuche!“

Das gilt auch für ein anderes Krippenbild,
das wir einmal versucht haben:
die Krippendarstellung auf einem Gestell,
das an ein Gerüst und damit an eine Baustelle erinnert.
Es stimmt allenfalls für einen kurzen Gedanken,
es stimmt als *Symbol*:
Dem zu uns kommenden Gottessohn
ist unsere Welt, unser Leben eine „Baustelle“ –
einmal, weil er auf uns und mit uns baut:
wir sind ihm lebendige Steine;
zum anderen, weil wir selbst Baustelle sind: nicht fertig.

Gott wählt sich kein perfektes Nest,
kein Schloss, keine Kirche.
Das Provisorium, das Notdürftige, das Unfertige ist sein Ort.
Das Unfertige, das Notdürftige, das Provisorium
gehört zur Weihnacht wie zu unserem Leben.
Wenn die Krippe eine Aussage hat, dann diese.
Um die Krippe selbst geht es nicht.

Weihnachten ist nichts für prüde Menschen
und nichts für Traditionalisten.
Es ist eine Momentaufnahme –
Gott sorgt für immer neue Aufnahmen.
Und darum bleibt es spannend,
wenn und solange wir die alten Aufnahmen nicht festhalten …

Bildende Bilder

Zehn schlichte Holzstäbchen, längs aufgestellt;
darauf steht jeweils ein Wort:

Maria,
Josef,
Jesus,
Esel,
Ochse,
Hirte,
Schaf,
König,
König,
König.

Vor einigen Jahren sah ich diese
Krippe für Minimalisten und Puristen
zum ersten Mal.
Und seitdem beschäftigt mich diese durchaus provokative,
weil drastisch reduzierte Darstellung der zehn Holzstäbchen,
wie überhaupt die Darstellung von Krippen,
die einen Bezug zur Gegenwart versuchen.
Bei der erwähnten Krippe
geht der Designer Oliver Fabel davon aus,
dass die Ikonografie der Weihnachtskrippe
allgemein verinnerlicht ist.

Er beschreibt sein Werk als ein vom
„ikonografischen Ballast befreites Krippenensemble
für den säkularisierten Mystiker
oder schwankenden Agnostiker unserer Tage“.

Was ist die *Ikonografie* der Weihnachtskrippe?
Schon im Frühchristentum gibt es Weihnachtskrippen,
interessanterweise zunächst nur mit Jesuskind
und Ochs und Esel,
ausgerechnet jenen Figuren,
die in der Weihnachtsgeschichte
noch nicht einmal erwähnt sind.
Der hl. Franz von Assisi stellte im Jahr 1223
mit lebenden Tieren und Menschen
das Weihnachtsgeschehen nach.
Viele konnten die Bibel nicht lesen,
weil sie Analphabeten waren,
aber sie konnten die Bilder
an den Wänden der Kirchen sehen
und wurden auf diese Weise in ihrem Glauben gestärkt.

Wir brauchen die Worte und die Bilder,
obwohl es das „Bilderverbot“
im Ersten Bund Gottes mit den Menschen gibt:
„Du sollst dir kein Bild noch irgendein Gleichnis machen,
weder von dem, was oben im Himmel,
noch von dem, was unten auf Erden,
noch von dem, was im Wasser unter der Erde ist:
Bete sie nicht an und diene ihnen nicht“ (Ex 20,1 f).
Jedes Bild, jede Figur nährt die Versuchung,
sie selbst anzubeten
und nicht das Geheimnis, das bezeichnet wird.

Wir brauchen die Worte und Bilder dennoch,
Gott selbst braucht sie,
indem er Wort und Bild,
Fleisch und Mensch wird.
Wir brauchen Wort und Bild,
weil wir in Raum und Zeit leben,
aber wir missbrauchen sie,
wenn wir Wort und Bild mit der Realität verwechseln.
Die Realität der Weihnacht
sind nicht Nadelbäume, Stall und Stroh;
die Realität der Weihnacht
sind nicht Holzpuppen, Schattenbilder, Gipsfiguren.
Die Realität der Weihnacht bist *du*,
dein Fleisch und Blut ist die Ikonografie der Weihnachtskrippe.

Du lebst nicht im Stroh, du lebst nicht im Wald,
du bist nicht aus Gips.
Wie findet Christus in deinem Leben Platz?
Wie rückt er dir auf die Haut?
Damit die Realität der Weihnacht uns unter die Haut geht,
brauchen wir immer neue Bilder, die kein Selbstzweck sind.
Wenn unsere Worte und Bilder Selbstzweck sind,
gehören sie eingeschwärzt und verbrannt.
Sie haben ihr Recht nur als Hinweisschilder,
die allenfalls eine Blickrichtung vorgeben,
aber dann muss man sie lassen.

Wir brauchen einen neuen Franziskus,
der unverbrauchte Orte und Weisen
für die Weihnachtsdarstellung findet,
Orte, die in unserer Zeit, die in unserem Raum
für den Platz außerhalb der Herberge Betlehems stehen,

denn wir leben nicht in Ställen und Grotten
und nicht unter den Bäumen,
wohl aber im Unfertigen, im Aufbau.

Das Fleisch am Wort

„Und das Wort ist Fleisch geworden"
ist das Weihnachtsevangelium des Evangelisten Johannes.
Kein Engel, keine Maria, kein Josef, keine Hirten.
Wir sprechen dieses Wort vom Fleisch gewordenen Wort nach,
wenn wir den „Engel des Herrn" beten.
Gott lässt es nicht beim Wort, beim Reden, beim Kopf,
er fährt in die Glieder, er ist *in der Tat*.

Bei den vielen religiösen Büchern,
bei so manchen Gesprächen und Diskussionen,
auch bei den Worten, die wir in den Kirchen machen,
frage ich mich, was ich dem antworten könnte,
der mir sagen würde:
„Ihr Christen habt *das Fleisch wieder Wort* werden lassen."
Ihr habt den lebendigen Christus in Druckertinte getaucht,
seinen Anspruch weniger gelebt als gelehrt und erklärt.
Eine Anfrage, die sich nicht leicht ausräumen lässt.
Der, der selbst kein einziges Wort geschrieben hat,
außer denen, die er neben der Ehebrecherin
in den Sand schrieb,
füllt ungezählte Bücher,
wird doziert und erklärt, zerredet, „verwortet".

Ganz anders der Evangelist:
„Und das Wort ist Fleisch geworden."
Das Wort *für sich* verstaubt und vergilbt,
wenn es nicht gelebt wird;
das Wort *für sich* verliert an Kraft und Aussage,
wenn es nicht Fleisch wird.
Fleisch aber kann man nicht lange verwahren,
es ist etwas Lebendiges,
stets im Wandel Begriffenes.
Offensichtlich entscheidet sich Gott
in seiner Menschwerdung für Veränderung und Wandlung,
wenn das ewige Wort Fleisch
und damit zeitlich und vergänglich wird.
Er bewahrt sich nicht in sich,
er geht aus sich heraus.

Manchmal gibt es Worte, die gehen „runter wie Öl".
Diese Worte tun uns gut, sie bewirken etwas.
Sie verhallen nicht resonanzlos,
sie setzen etwas in Gang,
sie werden Fleisch.
Damit Worte wirksam werden,
kann ich sie nicht bewahren wie einen Museumsgegenstand.
Wirklich sind sie erst, wenn sie gelebt sind,
wenn – wie wir umgangssprachlich sagen –
Fleisch drangekommen ist.

Der Evangelist Johannes sagt:
Das Wort ist Fleisch geworden;
nicht viele Worte, sondern das *eine*, das zentrale.
Gott beschränkt sich selbst:
Er zeigt ein konkretes Gesicht,

offenbart sich an dieser einen Stelle einmal ganz –
weil es unendlich viel mehr bewirkt
als an tausend Stellen zersplittert und halb.
So war es damals – so ist es heute:
Das *eine* Wort zeigt sich im Konkreten,
es spricht durch die Wirklichkeit.
Betlehem ist überall.

Welches Wort, welches Glaubenswort
ist durch dich, in dir Fleisch geworden?
Wo ist dein geglaubtes, bekanntes,
dein gesungenes und gebetetes Wort
Fleisch: fühlbar, sichtbar?
Wo ist es Tat?
Und – weil du gelebten Glauben
nicht wie Fleisch in die Tiefkühltruhe geben
und eine Zeitlang bewahren kannst,
das Haltbarkeitsdatum kurz ist –
wie geht es weiter?
Welch ein Wort wird heute Fleisch?

Vom Kommen Gottes

Gott ist *jünger* –
Dieses Wort las ich neulich irgendwo.
Gott ist jünger.

Dummerweise stand sonst nichts weiter dabei,
keine Relation, kein Bezug.
Gott: jünger *als wer*?
Jünger als *wir*?
Ist Gott – der Ewige, der vor allen Zeiten Seiende –
nicht *älter*?
Ist er nicht lange vor uns da
und als Schöpfer aller Dinge der Älteste schlechthin?
Hören wir nicht Geschichten von ihm,
die Tausende von Jahren vor uns aufgeschrieben wurden,
die Tausende von Jahren vor uns sich ereignet haben?
Gott ist älter: Das würde *unserer* Logik entsprechen.

Gott ist *jünger*:
Das entspricht der Logik *Gottes*.
Mit Blick auf Weihnachten sagt uns das:
Wir feiern nicht so sehr ein Vergangenheitsfest,
wir feiern, dass Gott ein in die Welt Kommender ist,
dass er in uns und durch uns geboren werden will.
Wenn es gelingt, sind wir so etwas wie Geburtshelfer Gottes.
Und ein immer wieder neu zur Welt kommender Gott

ist *jünger.*
Damit dreht sich unsere gläubige Perspektive völlig um:
Wir binden uns nicht an einen Vergangenen,
sondern an einen *Zukünftigen.*
Wir binden uns nicht an einen schon Gekannten,
sondern an einen Heranwachsenden und Werdenden.
Natürlich brauchen wir die Geschichten von früher.
Sie sind unser Rückhalt,
das, was hinter uns steht und liegt.
All die Erfahrungen der biblischen Figuren mit Gott
und – warum nicht? –
die Erfahrungen unserer Eltern und Großeltern
haben uns erst auf die Spur Gottes gesetzt.
Doch diese Geschichten und Erfahrungen
können nur dann bestärkend hinter uns sein,
wenn sich unser Blick
in die entgegengesetzte Richtung, nach vorn wendet.
Nicht umsonst sprechen wir vom *Vor*finden.
Was ich finden will, kann nur *vor* mir liegen.

Gott ist jünger.
Er ist der Kommende, der Zukünftige, die Zukunft.
Er spricht sich jeden Tag neu aus;
er ist eben nicht von gestern.

Keines unserer Feste führt uns das deutlicher vor Augen
als Weihnachten.
Es ist nicht nur der Jahrestag einer Geburt,
Weihnachten ist vor allem die Menschwerdung Gottes,
sein „in die Welt kommen“ *heute*!
Heute ist euch der Heiland geboren – sagt der Engel.
Und *heute* ist dann, wenn wir es hören.

Gott ist jünger.
Das Wesentliche steht noch aus,
mit unserem Glauben sind wir Anfänger.
Das ist der Grund,
warum wir Jahr für Jahr
diese Anfangsgeschichten wieder hören;
das ist der Grund,
warum uns Jahr für Jahr
Gott als *Baby* begegnet:
weil wir mit ihm alles *vor* uns haben,
Wachsen, Werden, Sein.
Gott ist ein Gott der sich entwickelnden Kraft,
einer, der zeigt, dass es weitergeht.
Seine Zeit ist das Morgen.

Und, man wagt es kaum zu sagen:
Wenn Gott durch uns in die Welt kommt,
dann sind auch wir Gottes*mutter*, Gottes*vater*.
Plötzlich verstehen wir neu und tiefer,
was *Jungfrauengeburt* heißt:
Wir bringen in die Welt,
was nicht von Menschen gemacht,
sondern direkt von Gott ist.

Gott ist jünger:
Wie er ist,
was er ist,
wer er ist,
wird sich im Wesentlichen noch zeigen.
Wir dürfen neugierig und gespannt sein.
Das Leben mit ihm ist eine *Entdeckungstour*.

Ganz der Vater

Der Sonntag mit dem Namen „Fest der Heiligen Familie"
am ersten Sonntag nach Weihnachten stört uns,
wenn wir Weihnachten vornehmlich als Familienfest feiern.
Denn kann man bestreiten,
dass Jesus die Familie relativiert – und zwar von Anfang an?

Wie auch immer man zur Vaterschaft Jesu steht:
Sie allein sprengt schon das gewünschte oder familiäre Bild.
Und der Lebensstil Jesu sprengt es erst recht,
denn er entfernt sich von seiner Familie.
Immer wenn seine Mutter mit ihm zusammentrifft,
wirken die überlieferten Worte Jesu eisig:
„Wusstet ihr nicht, dass ich in dem sein muss,
was meines Vaters ist?"
bei der verzweifelten Suche der Eltern Jesu
nach ihrem zwölfjährigen Sohn;
„Was willst du von mir, Frau?" bei der Hochzeit zu Kana;
„Frau, siehe dein Sohn!" am Kreuz.

Und Jesu Worte provozieren:
Häuser, Brüder, Schwestern, Frau und Kinder
um seinetwillen zurücklassen
sind nicht nur Worte für Ordensleute.

Jesus ist kein Muttersöhnchen;
er ist „ganz der Vater“:
Seine Gottesbeziehung ist so intensiv,
dass sie alles andere relativiert.
Damit wertet er Familie nicht ab,
er ordnet sie ein.
Sie ist der Raum, der neben aller Wärme
Freiheit geben muss.

„Er ist der Sohn Gottes“, bezeugt Johannes.
Es ist das,
was auch wir bezeugen in unseren Liedern und Gebeten.
„Er ist der Sohn Gottes“:
Aber ist das eine Aussage,
die etwa durch einen *Vaterschaftstest*
hätte untermauert werden können?
Oder was glauben wir,
wenn wir vom „Sohn Gottes“ sprechen?
Stand Jesus das ins Gesicht geschrieben –
oder wie finden Johannes und andere zu diesem Zeugnis?

Unsere Sprache *versagt*
in allen zentralen religiösen Bekenntnissen,
denn die Aussage, dass Jesus der Sohn Gottes ist,
ist nicht gleich der Aussage,
dass Sie und ich Tochter oder Sohn unserer Eltern sind.
Was macht wirkliche Kindschaft aus?
Nicht, den gleichen Namen zu tragen,
nicht mal zwingend,
aus den Zellen der Eltern hervorgegangen zu sein.
Dies alles beträfe auch nur Dinge aus der Vergangenheit,
wäre eine Notiz im Stammbuch.

Jemand ist dann Tochter oder Sohn,
wenn sie oder er „ganz der Vater“,
„ganz die Mutter“ ist.
Verhaltens- und Denkweisen ähneln sich.
Man sieht es mitunter,
auch wenn es nicht die gleichen Augen sind,
nicht die gleiche Nasenspitze,
nicht die gleichen Gesichtszüge.
Das haben Menschen damals erlebt,
wenn sie an Jesus bemerkten:
„Er redet anders als die Schriftgelehrten,
er redet mit göttlicher Vollmacht“;
wenn sie an ihm bemerkten,
dass in ihm lebte, was sie *nur Gott* zutrauten und zumaßen.
Er ist so ungebunden und frei, so eigenständig,
dass er so gesehen auch nicht Sohn der Maria ist
(„was willst du von mir, Frau?“).
Er ist einzig *Gottes* Sohn.
Und noch knapper: Er ist Gott.
Kein Mensch sagt:
„Halte die rechte Wange auch noch hin,
wenn du eins auf die linke bekommst.“
Kein Mensch sagt:
„Tu auch dem Gutes, der dir Böses tut oder will.“
Das kann nur Gott sagen.
Und die, die eben „ganz wie“ er sind.

Der Mensch gewordene Gottessohn
hat seine Gottheit
nicht für 33 Erdenjahre im Himmel gelassen,
so wie er seine Menschheit mit der sogenannten Himmelfahrt
nicht auf der Erde gelassen hat.

Hilflos, sprachlos sagen wir:
Er ist Gott *und* Mensch, *Gottes* und *Mariens* Sohn.

Bei all dem, was die Evangelien zu verstehen geben,
war Jesus kein Freund bloßer Lippenbekenntnisse;
sein Glaube war weniger eine Sache der *Lehre*
als eine des *Lebens*.
Und sein Leben war,
was die Menschen *nur Gott allein* zusprachen:
Güte und Gericht, Vergebung,
Vollmacht, Souveränität in der Verkündigung.

Wenn auch wir *uns als Kinder Gottes* verstehen,
als seine Töchter und Söhne,
so merken wir doch sogleich,
dass wir noch *viel mehr Kinder unserer Eltern* sind,
dass wir uns oft schwertun mit der Güte und der Vergebung,
mit dem göttlichen Leben.

Dennoch ist es der Weg, auf den wir gerufen sind:
hineinzuwachsen in diese Gotteskindschaft,
die uns unabhängig macht und frei,
damit wir eben nicht nur Kinder Gottes heißen,
sondern es auch sind.
Der eine himmlische Vater hat nicht Kinder
erster und zweiter Klasse:
Christus und die Christen.
Er bringt allen Menschen dieselbe Liebe entgegen,
wie er sie Jesus entgegenbringt.

Johannes bezeugt: Er ist der Sohn Gottes.
Wie bezeugen wir das,
dass es nicht nur Wortbekenntnis ist,
dass es keine Kampfansage an andere Religionen bedeutet?
Doch nur,
indem diese Gotteskindschaft auf uns abfärbt,
so dass man es sehen kann,
wessen Kinder wir sind.
Sichtbar macht es nicht das Gesangbuch,
sondern der Alltag.

Sterndeuter auf dem „anderen" Weg

In die Weihnachtsevangelien gehören Entdecker,
die aus einer ganz anderen Welt kommen: die Sterndeuter.
Die Sterndeuter der Bibel sind *aktive* Menschen,
hartnäckig, forschend, über das Bekannte hinausgehend.
Sie bleiben nicht im Eigenen stecken,
sie werden in einer – ihnen fremden –
Kultur und Religion fündig;
sie finden,
was Menschen aus den eigenen Reihen nicht finden,
sie finden,
den Menschen aus den eigenen Reihen nicht finden.

Mindestens genauso bemerkenswert wie ihr Aufbruch
ist ihr Forschen, ihre Wachheit.
Dass ein Stern aufgeht, ist das eine;
den aufgehenden Stern wahrzunehmen, das andere.
Wer einen weiten Weg auf sich nimmt wie diese Weisen,
ist nicht sensationslustig oder bloß neugierig.
Wer wie sie einen weiten Weg auf sich nimmt,
erhofft sich etwas und will finden.
Denn sie finden bei sich und in ihrem Umfeld nicht,
wonach sie suchen.

Das stellt auch Fragen an jede und jeden von uns:
Wann war dein letzter Aufbruch?
Wann hast du zuletzt
leidenschaftlich nach Lebenssinn gesucht?
Wo suchst du auch im dir Fremden nach Antworten?
Wie viel lässt du zurück, wenn du merkst,
dass dir das Gewohnte und Vertraute
bei deiner Suche nicht hilft?
Vor wem gehst du in die Knie?
Was macht dein Herz so glühend,
dass du dich davon leiten lässt?
Was ist dir so wichtig,
dass du dich davon wie von einem Stern ziehen lässt?

Der Evangelist sagt am Ende dieser Erzählung,
dass die Sterndeuter auf einem anderen Weg
heim in ihr Land zogen.
Das ist doch seltsam:
Man sollte meinen, jetzt, wo sie endlich gefunden haben,
wonach sie suchten,
wären sie geblieben und nicht wieder zurückgegangen;
jetzt, wo sie wirklich angekommen sind,
würden sie auch am Ziel bleiben.

Die Sterndeuter kehren heim,
denn nicht die Anwesenheit an diesem besonderen Ort
ist bedeutsam;
das, was sie hier sehen,
den, den sie hier gefunden haben,
den nehmen sie innerlich mit und finden ihn überall.
Der „andere Weg", den sie zurückgehen,
hat nicht nur seinen Grund darin,

dass sie Herodes nicht wieder begegnen wollen;
er besagt nicht nur,
dass sie die weltliche Macht des Herodes umgehen
und die Machtspiele dieser Welt links liegen lassen.
Dieser „andere Weg“ besagt,
dass *sie selbst verändert* sind.
Diese Weisen werden nicht zu Jüngern und Aposteln,
sie tauchen in der Bibel nicht wieder auf;
aber wer will bestreiten, dass diese Menschen,
die bis heute Kleine und Große in Bewegung bringen,
Christusträger und damit Christen sind.
Sie werden die Taufe nicht empfangen haben,
sie werden kein einziges Sakrament gekannt haben –
und doch sind sie Glaubensvorbilder, bewundernswert.

Dieses Evangelium, das mit den Sterndeutern
die weite Welt zum Neugeborenen holt,
sprengt unsere engen Maßstäbe.
Als ein Offenbarungsfest
lässt es das Licht Christi erscheinen
und veranschaulicht, dass dieses Licht
nicht an Orte, Zeiten und Religion gebunden ist,
weil es in Wahrheit *alles*,
Ort, Zeit und Religion,
überstrahlt.

Aufgebrochene Grenzen

Gott offenbart sich da,
wo das Fremde ankommen kann.
Gott offenbart sich da,
wo Grenzen von Religion und Nation aufbrechen.
Gott offenbart sich da,
wo die Welt weit wird.

Vielleicht spüren wir mitunter deswegen wenig von Gott,
weil wir *eng* sind, abgeschlossen,
das Fremde und die Fremden scheuen,
uns abgrenzen und Unbekanntes sorgsam ausgrenzen.
Zumindest den Worten nach versuchen wir es
an einer Stelle in unseren Gottesdiensten anders:
Wenn wir *Fürbitten* sprechen,
zieht plötzlich die große weite Welt in unser Gebet ein;
wenn wir Fürbitten sprechen,
überwinden wir Grenzen und beten für Fremde.
Wenn wir das ernst meinen
und wirklich dabei sind mit unserem Herzen,
wenn es nicht eine routinierte Überbrückung
zwischen Wort- und Mahlfeier ist
und uns pflichtgemäß daran erinnert,
dass wir nicht allein auf der Welt sind,
dann kann dies ebenso der Moment sein,
in dem Gott sich offenbart.

Der Weg der Sterndeuter zeigt uns,
dass es keinen Privat-Gott gibt;
dass er nicht katholisch ist,
kein Europäer,
dass er keine Grenzen zieht,
dass er sich eher zeigen und finden lässt,
wo es weit ist,
wo Fremdes Einlass findet,
wo gewohnte und vertraute Wege aufgebrochen werden.

Die Sterndeuter sind Menschen, die aufbrechen,
die nicht jedes Jahr sorgsam die alten Bücher aufschlagen,
darin blättern und sie dann beiseite legen,
um in den gewohnten Alltag zurückzukehren.
Sie brechen auf, sie suchen, sie forschen,
weil sie mit den Antworten, die sie bislang haben,
nicht zufrieden sind.
Sie brechen auf, weil sie Hunger *nach mehr* haben.
Was sie kennen, genügt ihnen nicht.
Sie sind nicht die Schuster, die „bei ihren Leisten" bleiben;
sie sind nicht die Traditionalisten,
die einzig im Gewohnten und Vertrauten
Antworten erwarten.
Sie brechen äußerlich auf,
weil sie innerlich längst schon aufgebrochen sind
oder sich gar nicht festgesetzt haben.

Diesen Menschen mit wundgelaufenen Füßen
offenbart sich Gott.
Einer, der in Pantoffeln
bis zum Neugeborenen hätte gehen können,
hätte nicht mehr gesehen als einen Säugling.

Wer mehr gesehen hat, wem Gott selbst aufgeleuchtet ist,
das sind *die auf-gebrochenen Menschen*:
die Hirten, die Weisen, Maria und Josef,
die selbst unterwegs und offen
für das Neue, das Fremde, das Nicht-Erwartete waren.

Gott und Aufbruch gehören offenbar zusammen.
Wo Menschen aufbrechen, ist immer auch die Chance,
etwas Göttliches, Gott selbst zu entdecken.

Dieses Evangelium von der Epiphanie,
von der Selbstoffenbarung Gottes,
ist wie eine Momentaufnahme.
Niemand weiß, was mit den Sterndeutern geschehen ist.
So geheimnisvoll sie auftreten,
so geheimnisvoll verschwinden sie wieder.
Sie hatten eine einzige kleine, aber intensive Begegnung
mit Jesus als Säugling.
Kein Wort, kein eigener Evangelientext, kein Wunder,
nur eine Begegnung mit dem unfertigen, winzigen Christus.

Verduften

Wir kommen mit dem Weihrauch unserer Gebete:
die Bitte um leuchtende Wegweiser, sternenklare Nächte,
Ausdauer auf langen Wegen, Mut zu Aufbrüchen,
offene Menschen und Engel im Rücken.

Wir kommen mit der Myrrhe unserer Leiden:
die Bitte um Kraft für die Kranken
und im Leben Wund-Gelaufenen,
neuen Antrieb für die Müden, Enttäuschten und Traurigen,
neuen Geschmack am Leben für jene, denen es bitter ist.

Wir kommen mit dem Gold unseres Lebens:
die Bitte um Alltagsbrot und Festtagswein,
frische Luft und neue Ideen,
den rechten Blick und das aufmerksame Ohr
tragende Worte und den guten Hirten an der Seite.

Der Duft der weiten Welt
weht uns am Dreikönigstag mit den Magiern um die Nase.
Es glitzert, es funkelt ein Stern, Rauchwerk.
Selbst die Gaben, die die Magier mitbringen,
sind geheimnisvoll: Gold – Weihrauch – Myrrhe.

Der neugeborene Jesus ist von Anfang an
König der ganzen Welt.
Der Evangelist Matthäus nimmt vorweg,
was sich im Lauf der Lebensgeschichte dieses Neugeborenen zeigen wird:
Er ist nicht Besitz der Frommen, der Jünger, der Katholiken;
er ist auch König der Fremden, der Heiden, der weiten Welt.

Ihm selbst wird zeit seines Lebens
der Duft des Weiten und Fremden anhaften;
alle, die ihm begegnen, werden es spüren:
seine Familie, seine Jünger und – nicht zuletzt – wir.
Jesus ist und bleibt bei aller Nähe *der Fremde*,
dessen Zuhause nicht nur wir Menschen sind,
sondern auch die Weite des Himmels.

Darum gibt es keine biblische Geschichte,
die vom Bleiben erzählt –
Die Sterndeuter gehen wieder zurück, die Hirten, die Engel.
Kein Halten, nur ein Aus-halten, dass es kein Halten gibt.
Und Jesus selbst ist Halt-los, Bleibe-los.

Solange wir als Menschen unterwegs sind,
wird uns dies anhaften:
dass in der Ankunft schon der Abschied liegt,
im Zusammenkommen das Auseinandergehen,
im Vereintsein die Trennung.
Jedem Glück folgt der Alltag,
jeder beglückenden Begegnung ein schmerzendes Ende.

Mit dem neugeborenen König verbindet sich
die Hoffnung auf Umkehr
und auf das Umgekehrte:
dass dem schmerzenden Ende ein nicht endender Anfang folgt,
dem Abschied ein neues Zusammenkommen.

Eingetaucht ins Leben, um in dir aufzutauchen

Ich schaue mir gerne Krippendarstellungen an.
In einer Kirche in Münster (Hl. Kreuz) fiel mir
eine Darstellung mit Playmobilfiguren auf:
unzählige dieser kleinen Figuren, Häuser, eine ganze Stadt,
ein Kirmesplatz, Geschäfte, Werkstätten, der Marktplatz,
das ganze bunte Leben.
Man stand vor dieser Playmobillandschaft
und fragte sich:
Wo ist denn nun die Krippe,
wo sind Maria und Josef?
Sind sie überhaupt da?

Es ist so gewollt,
dass man da steht und sucht und sucht –
und es dauert …,
bis man dann tatsächlich eine Krippe findet,
das Kind und Maria und Josef,
mitten in dieser bunten Landschaft,
nicht in einem geschlossenen Haus,
schon in einem Unterstand,
aber eben doch mitten im Alltag,
übersehbar in dieser ganzen Ansammlung
von Figuren, Häusern und Plätzen.

Jesus springt einem nicht ins Auge.
Das haben die Hirten erfahren,
die eingeladen und gewiesen werden mussten.
Das haben Maria und Josef erfahren
durch die Deutungen des Engels.
Das erfahren wir:
Wir brauchen Sehhilfen, Worte, Fingerzeige,
Menschen, die uns sagen:
Er ist mitten unter uns.
Schau genau hin.
Im Alltag kannst du ihn finden.

Eigentlich braucht diese Idee der Playmobilkrippe
eine Fortführung.
Ist er, Gott, nicht in *jedem* Menschen?
Lohnt es nicht,
solange hinzuschauen und sich weisen zu lassen,
bis wir ihn in *jedem* Menschen entdecken und wahrnehmen?
Kann man dann nicht auf die gesonderte Krippendarstellung,
die in dieser Playmobillandschaft
nur einen ganz kleinen Platz einnimmt,
verzichten?

Jesus reiht sich bei seiner Taufe ein
in die Schar der gewöhnlichen Menschen.
Es steht ihm nicht auf die Stirn geschrieben,
wer er ist.
Johannes entdeckt ihn unter den vielen.
Zwar wird *er* als Gottessohn offenbart,
aber sagen wir nicht im Gottesdienst vor dem Vaterunser:
„*Wir* heißen und sind Kinder Gottes,
darum wagen wir zu beten: Vater unser …“?

Durch die eigene Taufe
dürfen wir uns selbst als Tochter und Sohn Gottes sehen.
Aber auch all die anderen, die nicht Getauften:
sind sie nicht auch Kinder Gottes?

Das Jahr über schauen wir nicht mehr in die Krippe,
und wenn wir aufs Kreuz blicken,
dann dürfen wir all die Leidenden heute nicht übersehen.
Denn das eine ist die Figur,
in den anderen, den Leidenden, ist der lebendige Christus.

Ich bin dankbar für diese Playmobillandschaft,
die ich selbst nicht aufbauen würde,
die überhaupt nicht meins wäre,
die aber diese Botschaft vermittelt,
dass er da ist mitten *unter* den Menschen,
mitten *in* den Menschen.
Eingetaucht ins Leben, um in uns aufzutauchen.

Das Kind wächst (in dir)

„Das Kind wuchs heran und wurde kräftig."
Das Jesuskind wachsen und kräftig werden lassen heißt,
sich vom Stall und von der Krippe zu verabschieden,
denn beides passt nicht mehr zum heranwachsenden Jesus.
Gerade wenn man glaubt, angekommen zu sein,
wird man wieder weggeschickt:
Bei der Krippe ist keine Bleibe,
beim Kreuz nicht,
im Abendmahlssaal nicht
und auch im Garten des Ostermorgens nicht.
Immer wieder werden Menschen weitergeschickt.
Wir sind eine Religion des Weges,
Nachfolge ist etwas Dynamisches, nichts Festgelegtes.
Glaubhaft sind wir nur dann,
wenn auch wir uns weiterschicken lassen,
unseren Glauben, unsere Kirchen und unser Leben
vor Entwicklungen nicht verschließen.

„Das Kind wuchs heran und wurde kräftig."
Es wird selbstständig, geht seine eigenen Wege,
lässt sich nicht so leicht beeinflussen
und für eigene Interessen vereinnahmen.
Beim geschriebenen Evangelium
sagen wir dazu mit dem Abstand der Zeit:
Gott sei Dank.

Denn so viele dieser herrlich Mut machenden,
buchstäblich Wunder-vollen Geschichten
wären sonst nicht zu uns gedrungen:
die Brotvermehrung, die Heilungen,
die tröstlichen Seligpreisungen.
Ein Mann, der nicht
seine eigenen Wege gegangen wäre,
der eben nicht anders als die Schriftgelehrten gelehrt hätte,
der wäre namen- und bedeutungslos
untergegangen wie all die anderen,
von denen heute niemand mehr weiß und spricht.
Im Blick auf unsere Gegenwart
und unsere persönliche Lebensgeschichte
sieht das anders aus.
Jesus heranwachsen und kräftig werden lassen, heißt:
Da entzieht sich mir einer,
bereitet mir Unverständnis, tut mir weh, verändert mich.
Heranwachsende stellen ihre Umgebung,
ihre Familie in Frage –
verändern sie, verursachen Schmerzen.

„*Das Kind wuchs heran und wurde kräftig.*"
Wenn Jesus uns nicht auch weh tut,
halten wir ihn uns klein und bedeutungslos,
ähnlich dem Krippenkind, das wir sorgfältig wieder einpacken
und Jahr für Jahr zum kurzen Anschauen hervorholen.

„*Das Kind wuchs heran und wurde kräftig.*"
Es lädt uns ein, mitzuwachsen und kräftig zu werden.

Nachwort

Die roten Fliegenpilze am Adventskranz gibt es nicht mehr:
im Elternhaus nicht
und in den Geschäften auch nicht.
Einmal fand ich sie schön – und mit ihnen manches andere.
Aber Weihnachten ist nicht „es war einmal“ …
Weihnachten ist heute.

Ich mag dieses Fest,
ich mochte es immer schon.
Das Mögen ändert sich,
auch die Weise, wie sich mir Weihnachten erschließt.
Gelingt es uns, so manchen Ballast abzuwerfen,
das Fest der Menschwerdung Gottes
– im Grunde der *Fleisch*werdung –
(denn wer sind wir Menschen?
Die gesamte Kreatur ist einbezogen!)
wieder herauszupellen
aus den umhüllenden und einschließenden Schalen
von Wintermärchen und Weihnachtsmarkt,
Fest der Kinder und Fest der Familie?
Was bleibt, wenn Gewohntes und Brauchtum wegfallen?
Oder wenn sich zeigt,
dass wir den Weihnachtsschmuck so aufgebauscht haben,
dass wir nicht mehr „hinter die Kulissen“ schauen?
Weihnachten im Sommer?

Ohne Baum, ohne Krippe, ohne „Stille Nacht“?
Über Jahrhunderte feierten Christen
Weihnachten ohne Baum,
ohne „Stille Nacht“,
sogar ohne die uns geläufigen Krippendarstellungen;
und in den Teilen unserer Erde,
in denen Weihnachten in die warme Jahreszeit fällt,
wird dieses Fest ebenfalls anders gefeiert als mit all dem,
was uns unverzichtbar erscheint.

Ich empfinde es als eine große Herausforderung,
Weihnachten und die anderen christlichen Feste
so zu verkünden und zu feiern zu versuchen,
wie die Evangelien vom Leben Jesu auf der Erde erzählen,
indem sie es unterlassen,
den Himmel auszumalen,
den Engeln Flügel zu geben,
dem Menschen ewige Gesundheit zu versprechen,
dem Sohn Gottes eine Goldkrone aufzusetzen
und dem Abendmahlsbrot einen Tabernakel zu bauen.

Um den Kern der Weihnachtsbotschaft herauszuschälen,
braucht es neue Zeichen und Zugänge,
Anreize, Irritierendes, Fokussierungen,
Infragestellungen des Gewohnten.
Am nächsten sind diesem Fest nicht Nadelbäume und Kerzen,
nicht Spekulatius und festliches Orgelspiel,
am nächsten sind diesem Fest
Lumpen und Liebe.

nicht
dass alle Abgründe
geschlossen wären
überbrückt
sind sie

nicht
dass alle Finsternis
verschwunden wäre
erleuchtet
ist sie

nicht
dass alle Ängste
genommen wären
getragen
sind sie

Grund genug

Hinabgestiegen,
Stufe um Stufe,
dorthin, wo nichts mehr geht.

Du Kind in der Krippe,
du Schlafender im Boot,
du Weizenkorn in der Erde.